CATALOGUE

DES LIVRES IMPRIMÉS

OU QUI SE TROUVENT EN NOMBRE,

A PARIS,

Chez PRAULT petit-fils, Libraire, Quai des Augustins,
la deuxieme Boutique au-dessus de la rue
Gilles-Cœur, à l'Immortalité.

THÉOLOGIE.

DICTIONNAIRE Historique de la Bible, par Dom Calmet, 4 vol. in-folio,
  figures, 120 liv.
Dictionnaire Théologique, portatif, in-8. 3 liv.
Dictionnaire abrégé de la Bible, par Chompté, in-12. *petit forma*, 2 l. 10 l.
Dictionnaire portatif des Conciles, in-8. 5 l.
La Bible de Saürin, contenant le Vieux & le Nouveau Testament, avec les belles figures
  de Bern. Picard & autres plus habiles Maîtres, 6 vol. in-fol. *pap. super-royal*, 300 l.
Commentaire Littéral sur les Pseaumes de David, par le P. de Carrieres, in-12. 2 l. 10 f.
L'Année Chrétienne, contenant les Messes des Dimanches & Fêtes de toute l'année, en
  Latin & en François, avec l'explication des Epîtres & Evangiles, par M. le Tourneux,
  13 vol. in-12. 45 l.
Epîtres & Evangiles des Dimanches & Fêtes de toute l'année, avec des Réflexions,
  in-12. 2 l. 10 f.
Passages les plus touchans du Nouveau Testament, avec des réflexions & des notes, par
  l'Abbé Lambert, in-12. 2 l. 10 f.
Elevations à J. C. sur sa Vie & ses Mysteres, par Thomas à Kempis, in-12. 2 l. 10 f.
Avis salutaires d'un Philos. Chrétien, distribués par chaque jour du mois, in-12. 1 l. 4 f.
Le Philosophe Chrétien, par M. Formey, 4 vol. in-12. 10 l.
Essai sur la Perfection Chrétienne, in-12. 1 l. 10 f.

A

THÉOLOGIE.

Instructions générales en forme de Catéchisme, imprimées par ordre de M. Colbert, Evêque de Montpellier, 3 vol. in-12.   7 l. 10 f.
Instruction de Pénitence, par M. Gobinet, in-12.   2 l.
Sermons du P. de la Rue, 4 vol. in-8.   12 l.
Sermons sur divers textes de l'Ecriture Sainte, augmentés de ceux sur l'Histoire de la Passion de N. S. Jesus-Christ, par Jacques Saurin, 11 vol. in-12.   27 l.
Les mêmes, 12 vol. in-8.   48 l.
Les Sermons de l'Avent & du Carême, & autres sur différens sujets intéressans; Oraisons funebres; Conférences Ecclésiastiques; Discours Synodaux; Mandemens; Paraphrases sur les Pseaumes; Pensées sur différens sujets de Morale & de Piété, &c. par M. Massillon, Prêtre de l'Oratoire, contenant 13 vol. in-12. *petit caractère*,   36 l.
Panégyriques de Seguy, 2 vol. in-12.   5 l.
Sermons du même, 2 vol. in-12.   5 l.
La Religion Chrét. méditée dans le véritable esprit de ses maximes, 6 vol. in-12.   15 l.
Traité de la Vérité de la Religion Chrétienne, avec l'Art de se connoître soi-même, par Jacques Abbadie, 4 vol. in-12   10 l.
Idem, de la Religion Chrétienne, traduit de l'Anglois d'Addisson, 2 vol. in-8.   7 l.
Traités de l'existence & des attributs de Dieu; des devoirs de la Religion naturelle, & de la vérité de la Religion Chrét. par Clarke, trad. de l'Angl. 3 vol. in-12.   7 l. 10 f.
Questions diverses sur l'Incrédulité, in-12. *petit forma*,   2 l. 10 f.
L'Incrédulité convaincue par les Prophéties, 3 vol. in-12. *petit forma*,   7 l. 10 f.
Principes sur l'Eglise, ou Préservatif contre l'Hérésie, par M. Roussel, Prêtre, 2 vol. in-12.   4 l.
Principes de Religion, ou Préservatif contre l'Incrédulité, par le même, in-12. 2 l. 10 f.

JURISPRUDENCE.

Les Loix Ecclésiastiques, par M. d'Héricourt, in-fol.   24 l.
Recueil de Jurisprudence Canonique & Bénéficiale, par ordre alphabétique, par M. Guy du Rousseau de la Combe, sur les Mémoires de feu M. Fuet, in-fol.   24 l.
Histoire du Droit Public, Ecclésiastique, François, par M. de B. . . . 1 vol. in-12.   5 l.
Code des Curés, ou nouveau Recueil concernant les Dixmes, &c. 3 vol. in-12.   9 l.
Nouvelle Introduction à la Pratique, par Cl. Jos. de Ferriere, 2 vol. in-12.   8 l.
Les Loix Civiles dans leur ordre naturel, le Droit Public, & *Legum Delectus*, par Domat, nouvelle édition, augmentée par MM. d'Héricourt, Boucheret, Berroyer, & Chevalier, in-fol.   24 l.
L'Esprit des Loix, (par M. de Montesquieu,) 4 vol. in-12.   10 l.
Dictionnaire de Droit & de Pratique, par Ferriere, 2 vol. in-4.   20 l.
Institution au Droit François, par Argou, 2 vol. in-12.   6 l.
La nouvelle Pratique Civile & Criminelle, & Bénéficiale, ou le nouveau Praticien François, par Lange, 2 vol. in-4.   18 l.
La Science Pratique des Notaires, par Ferriere, 2 vol. in-4.   20 l.
Les Œuvres de Jean Bacquet, augmentées par Ferriere, 2 vol. in-fol.   36 l.
Œuvres diverses de M. Patru, contenant ses Plaidoyers, &c. 2 vol. in-4.   15 l.
Œuvres de M. Cochin, 6 vol. in-4.   60 l.
Œuvres de Me. Ant. d'Espeisses, nouvelle édition augmentée par Guy du Rousseau de la Combe, 3 vol. in-fol.   60 l.
Œuvres de M. Duplessis sur la Coutume de Paris, avec les Notes de MM. Berroyer & Lauriere, 2 vol. in-fol.   40 l.
Coutumes Générales d'Artois, par Adrien Maillart, avec des notes, in-fol.   20 l.
Code Pénal, ou Recueil des principales Ordonnances, Edits & Déclarations sur les Crimes & Délits, in-12.   3 l.
Traité des Donations, avec la Coutume d'Amiens commentée par Ricard, & les nouvelles additions de Michel Duchemin, 2 vol in-fol.   40 l.
Traité de l'Abus, par Ch. Fevret, 2 vol. in-fol.   36 l.
Œuvres posthumes de d'Héricourt, 4 vol. in-4.   40 l.
Œuvres de M. de Renusson; sçavoir, de la Communauté, du Douaire, de la Garde-Noble & Bourgeoise, des Propres, & de la Subrogation, par M. Sérieux, in-fol. 24 l.

SCIENCES ET ARTS.

SCIENCES ET ARTS.

SCIENCES ET ARTS. 5

Lettre fur la Mufique Françoife, par Jean-Jacques Rouffeau, in-8.   1 l. 10 f.
L'Efprit de l'Art Mufical, ou Réflexions fur la Mufique, par Blainville, in-8. 1 l. 16 f.
Le petit Prophete de Boemifchbroda, in-8.   1 l. 16 f.
    Tous les Écrits pour & contre la Mufique Italienne.
Réflex. critiques fur la Poëfie & la Peinture, par l'Abbé Dubos, 3 v. in-4. *pap. fin.* 42 l.
Le même Livre, 3 vol. in-12.   7 l. 10 f.
Dictionnaire portatif de Peinture, Sculpture & Gravure, &c. par Dom Pernety, Béné-
    dictin, in 8. figures,   4 l. 10 f.
Mémoires fur la Peinture à l'Encauftique & fur la Peinture à la Cire, par M. le Comte
    de Caylus & M. Mujault, in-8. figures,   1 l. 16 f.
Traité de la méthode antique de graver en pierres fines, comparée avec la méthode
    moderne, & expliquée en diverfes planches, par L. Natter, in-fol.   36 l.
Dictionnaire Militaire portatif, contenant tous les termes propres à la Guerre, par
    D. L. C. D. B. 3 vol. in 8.   15 l.
Le petit Dictionnaire du Tems, pour l'intelligence des nouvelles de la Guerre, par
    l'Admiral, nouvelle édition, in-8. figures,   4 l. 10 f.
Elémens de l'Art Militaire, par d'Héricourt, 6 vol. in-12.   15 l.
Le Code Militaire, par Briquet, 8 vol. in-12.   20 l.
Effai fur l'Art de la Guerre, par M. le Comte de Turpin de Criffé, 2 vol. in-4. fig. 30 l.
La petite Guerre, ou Traité du fervice des Troupes légeres en Campagne, par M. de
    Grandmaifon, in-12.   5 l.
Le nouveau parfait Maréchal, ou la Connoiffance générale & Univerfelle du Cheval,
    avec un Dictionnaire des termes de Cavalerie, par Garfault, in-4. figures,   10 l.
Ecole de Cavalerie, contenant la connoiffance, l'inftruction & la confervation du Che-
    val, par M. de la Gueriniere, 2 vol. in-8. figures,   12 l.
Elémens de Cavalerie, par le même, 2 vol. in-12. *petit forma.*   5 l.
Elémens d'Hippiatrique, ou nouveaux principes fur la connoiffance & fur la Médecine
    des Chevaux, par Bourgelat, 3 vol. in-8.   12 l.
Obfervations fur les Articles concernant la Maréchalerie, inférés dans le Diction-
    naire Encyclopédique, par le Sr. Rondin, Maréchal de la grande Ecurie du Roi,
    in-12.   1 l. 10 f.
La nouvelle Méthode raifonnée du Blafon, par le P. le Meneftrier, in-12. fig.   3 l.
L'Efprit des Beaux-Arts, 2 vol. in-12.   5 l.

BELLES-LETTRES.

Rob. Stephani, Thefaurus Linguæ Latinæ, 4 vol. in fol.   80 l.
Novitius feu Dictionar. Lat. Gall. à Schrevelio Digeftum, &c. 2 vol. in-4.   18 l.
Gradus ad Parnaffum, in-8.   5 l.
Dictionnaire Univerfel, François & Latin, vulgairement appellé *Trevoux*, nouvelle
    édition, 7 vol. in-fol.   168 l.
Le petit Apparat Royal, ou Nouveau Dictionnaire François & Latin, in-8.   3 l.
Dictionnaire pour la Langue Françoife, par Richelet, nouv. édit. 3 vol. in-fol.   60 l.
Dictionnaire portatif de la Langue Françoife, extrait du Livre précédent, in-8. 4 l. 10 f.
Traité de l'Orthographe Françoife, *Poitiers*, in-8.   7 l.
Grammaire générale & raifonnée de la Langue Françoife de MM. de Port-Royal, avec
    des notes de M. Duclos, in-12.   3 l.
Principes généraux & raifonnés de la Grammaire Françoife, par Reftaut, in-12.   3 l.
Synonymes François, par l'Abbé Girard, in-12.   3 l.
Des Tropes, ou des différens Sens dans lefquels on peut prendre un même mot dans une
    même Langue, par M. Dumarfais, in 8.   4 l.
Dictionnaire Comique, Satyrique, Critique, Libre, Burlefque & Proverbial, &c. par
    le Roux, in-8.   7 l.
Dictioun. Italien & François de Veneroni, édit. augm. par Placardi, 2 vol. in-4. 18 l.
Grammaire Italienne, par M. l'Abbé Antonini, in-12.   2 l. 10 f.
Le Maître Italien de Veneroni, in-12.   2 l. 10 f.
Dictionnaire Efpagnol-François, & François-Efpagnol, par Sobrino, 2 vol. in-4.   24 l.

BELLES-LETTRES.

Grammaire Espagnol, du même, in-8. — 3 l.
Dictionnaire Royal Franç. Angl. & Angl. François, par Boyer, 2 vol. in-4, — 30 l.
Traité des Etudes, par M. Rollin, 4 vol. in-12. — 10 l.
Essai sur l'Histoire des Belles-Lettres, des Sciences & des Arts, par Juvenel de Carlencas, 4 vol. in-8, — 12 l.
Cours de Belles-Lettres, ou principes de la Littérature, par M. le Batteux, 4 v. in-8. 12 l.
Rhétorique à l'usage des jeunes Demoiselles, in-12. — 2 l. 10 f.
Essai sur les Bienséances Oratoires, par M. l'Abbé Mallet, 2 vol. in-12, — 5 l.
L'Art Oratoire, 4 vol. in-12. — 20 l.
Oraisons Funebres de Bossuet, Fléchier & Mascaron, 3 vol. in-12. — 7 l. 10 f.
Chacun de ces Auteurs se vend aussi séparément.
La Retraite des dix mille de Xénophon, ou l'Expédition de Cyrus contre Artaxerxes, avec les choses mémorables de Socrate, traduit par d'Ablancourt & Charpentier, 2 vol. in-12. figures, — 5 l.
Essais de Montaigne, 3 vol. in-4. — 30 l.
Les mêmes, 10 vol. in-12. *petit forma,* — 21 l.
Pensées diverses, écrites à un Docteur de Sorbonne, à l'occasion de la Comète qui parut en Décembre 1680, par M. Bayle, 4 vol. in-12. — 12 l.
Œuvres de Saint-Evremont, édition revue & corrigée, 12 vol. in-12. *petit forma,* 24 l.
Œuvres diverses de Cyrano de Bergerac, 3 vol. in-12. — 7 l. 10 f.
Les Œuvres de Scaron, 12 vol. in-12. *petit forma,* — 24 l.
Le Virgile travesti, du même, *se vend séparément,* 3 vol. — 6 l.
Le Roman Comique, *séparément,* 3 vol. — 6 l.
Œuvres de Houdart de la Motte, 11 vol. in-12. — 30 l.
Les mêmes, 11 vol. in-8. *grand papier,* — 42 l.
Œuvres de Fontenelle, 10 vol. in-12, — 30 l.
Œuvres de Chapelle & de Bachaumont, in-12. *petit forma,* — 2 l.
Les Œuvres de M. le Marquis de la Fare, 1 vol. in-12. *petit forma,* — 4 l.
Œuvres de Remond de Saint-Mard, 5 vol. in-12. *petit forma,* — 10 l.
Œuvres de M. de Voltaire, 17 vol. in-8. — 68 l.
Les mêmes, 20 vol. in-12. — 52 l. 10 f.
Œuvres diverses de M. le Franc, 4 vol. in-12. *petit forma,* — 10 l.
Œuvres de Segrais, 2 vol. in-12. *petit forma,* — 4 l.
Œuvres de Madame la Marquise de Lambert, 2 vol. in-12. *petit forma.* — 4 l. 10 f.
Œuvres de M. l'Abbé de Bernis, in-12. *petit forma,* — 2 l.
L'Esprit de M. de Voltaire, in-8. — 3 l. 12 f.
Recueil de divers Ecrits sur l'amour & l'amitié, la politesse, la volupté, les sentimens agréables, l'esprit & le cœur, in-12. — 2 l. 10 f.
Théorie des Sentimens agréables, in-12. — 3 l.
Œuvres d'Hamilton, 6 vol. in-12. *petit forma.* — 12 l.
Les Œuvres de M. d'Alembert, 4 vol. in-12. — 12 l.
Œuvres de M. de Montesquieu, 6 vol. in-12. — 15 l.
Œuvres de Pope, traduites de l'Anglois, 7 vol. in-12. — 21 l.
Mélanges de Littérature Angloise, traduits par Madame B****, 2 vol. in-12. — 4 l.
L'Eloge de la Folie, traduit du Latin d'Erasme par Gueudeville, in-12. figures, — 3 l.
Le même Livre en Italien, in-8. — 4 l.
Satyres de Petrone, 2 vol. in-8. — 5 l.
Hippolitus redivivus, id est, Remedium contemnendi sexum Mulierum, in-12. — 4 l.
Le Chef-d'œuvre d'un Inconnu, Poëme, par le Docteur Mathanasius, 2 vol. in-12. *petit forma,* — 4 l.
A tale of a tub By Buttel, in-8. — 5 l.
Le Conte du Tonneau, par le Docteur Swift, 3 vol. in-12. — 7 l. 10 f.
Mémoires de l'Académie des Sciences de Troyes, 2 parties in-12. — 2 l. 10 f.
Considérations sur le Style Epistolaire & le Cérémonial dans le commerce de Lettres, in-12. *petit forma,* — 2 l.
C. Plinii Cœcilii secundi, Epistolæ & Panegyricus, in-12. *petit forma,* — 2 l. 10 f.
Les Provinciales, ou Lettres écrites par Louis de Montalte, (Blaise Pascal,) à un Provincial de ses amis, avec les notes de G. Wendrock, 4 vol. in-12. *petit form.* — 10 l.
Les mêmes, sans notes, in-12. *petit forma,* — 3 l.
Les Lettres de Boursault, 3 vol. in-12. — 7 l. 10 f.

BELLES-LETTRES.

POETES.

BELLES-LETTRES.

Les Œuvres de Pavillon, 2 vol. in-12. *petit f.*   4 l.
Œuvres de l'Abbé de Chaulieu, 2 vol. in-12. *petit f.*   5 l.
Œuvres de Rousseau, 4 vol. in-12. *petit f.*   8 l.
Œuvres de Vergier, 2 vol. in-12. *petit f.*   5 l.
La Henriade, Poëme, par M. de Voltaire, avec les Variantes, 2 vol. in-12. *p. f.*   4 l.
La Religion, Poëme, par M. Racine le fils, in-12. *petit f.*   2 l. 10 f.
Œuvres de M. Gresset, 2 vol. in-12. *petit f.*   5 l.
Lettre d'Héloïse à Abaillard, traduction de Pope, par Colardeau, in-8.   1 l. 4 f.
L'Abeille du Parnasse, ou nouveau Choix de pensées, réflexions, maximes, portraits &
   caractéres, tirés des meilleurs Poëtes François modernes, 2 vol. in-12. *petit f.*   4 l.
Orlando Furioso di Ludovico Ariosto, riveduto per l'Abate Antonini, 4 vol. in-12.
   petit forma,   12 l.
La Jérusalem délivrée, traduite en François par M. de Mirabeau, 2 vol. in-12. *petit*
   forma,   4 l. 10 f.
Aminta di Tasso, in-12.   3 l.
Il Pastor Fido, Tragi-Comedia Pastorale, del Signor Car. Battista Guarini, in-32.   3 l.
Ricciardetto di Nicolo Carteromaco, 2 vol. in-8.   9 l.
Il medesimo, 2 vol. in-12.   6 l.
Satire del Cavalier Dotti, 2 vol. in-12. *petit forma,*   5 l.
Poesie Volgari e Latine di Cornelio Castaldi, in-8.   3 l.
Ode Anacreontiche e Pindariche del Signor de la Motte, in-8. Ital. & Franç.   4 l.
Poesie del Signor Abate Pietro Metastasio, 9 vol. in-8.   42 l.
Assetta, Comedia Rusticale, di Baro Commeo Mariscaleo, &c. in-8.   3 l.
   Idem, papier d'Hollande.
The Poetical Works of John Milton, With Mr. Addisson's Notes, 2 vol. in-8.
   figures,   8 l.
The Works of Mr. William Congreve. *London,* 1752. 3 vol. in-8.   9 l.
The Works of the Joseph Addisson. *London,* 1722. 2 vol. in-8.   8 l.
Poetical Works of J. S. D. D. D. S. I. L. D. consisting of curious miscellanews Pieces
   both Humourous and Satyrical, in-12.   3 l.

THÉÂTRES.

Histoire du Théâtre François, par M. Parfait, 15 vol. in-12.   45 l.
Recherches sur les Théâtres de France, par M. de Beauchamps, 3 vol. in-8.   9 l.
Le Comédien, ouvrage divisé en deux parties, par M. Remond de Sainte-Albine,
   in-8.   4 l.
Pensées sur la Déclamation, in-8.   2 l. 8 f.
Lettres Historiques sur tous les Spectacles de Paris, & les Foires, 2 vol. in-12.   5 l.
Nouveau Théâtre François, composé des meilleures Pieces, 12 vol. in-12.   36 l.
Œuvres de Pierre & de Thomas Corneille, 19 vol. in-12. *petit f.*   38 l.
     Le Pierre Corneille, séparément, 10 vol. in-12.   20 l.
Œuvres de Moliere, 8 vol. in-12. *petit forma,*   16 l.
Œuvres de Racine, 3 vol. in-12. *petit forma,*   6 l.
Les mêmes, 2 vol. in-4. *sous presse.*
Théâtre de Boursault, 3 vol. in-12.   7 l. 10 f.
Œuvres de Campistron, 3 vol. in-12. *petit forma,*   6 l.
Théâtre de Montfleury, 3 vol. in-12.   7 l. 10 f.
Œuvres de Regnard, 4 vol. in-12. *petit forma,*   8 l.
Le Théâtre d'Hauteroche, 3 vol. in-12.   7 l. 10 f.
Les Œuvres de Dancourt, 12 vol. in-12. *petit forma,*   24 l.
Le Théâtre de la Thuillerie, in-12.   2 l. 10 f.
Le Théâtre de Baron, 3 vol. in-12. *petit forma,*   6 l.
Théâtre de le Grand, 4 vol. in-12.   10 l.
Œuvres de M. de la Grange-Chancel, 5 vol. in-12. *petit forma,*   10 l.
Les mêmes, 3 vol. in-12.   7 l. 10 f.
Les Œuvres de Pradon, 2 vol. in-12.   4 l. 10 f.
Théâtre de Champmeslé, 2 vol. in-12.   5 l.
Théâtre de la Fosse, 2 vol. in-12.   5 l.
Œuvres de Crébillon, 3 vol. in-12. *petit forma,*   6 l.
Les mêmes, de l'Imprimerie Royale, 2 vol. in-4.   24 l.

Œuvres de la Chauſſée, 5 vol. in-12. *petit forma.* 10 l.
Théâtre de M. de Saint-Foix, 4 vol. in-12. 10 l.
Œuvres de Piron, 3 vol. in-12. avec des figures par M. Cochin, 9 l.
Les Œuvres de M. de Launay, in-12. 2 l. 10 ſ.
Théâtre de Laffichard, in-8. 4 l. 10 ſ.
Théâtre de Peſſelier, in-8. 4 l. 10 ſ.
Théâtre de Guyot de Merville, in-8. 4 l. 10 ſ.
Théâtre de Boiſſy, 9 vol. in-8. 36 l.
Théâtre de Marivaux, 5 vol. in-12. 15 l.
Œuvres Dramatiques de Néricault Deſtouches, 10 vol. in-12. *petit forma,* 20 l.
Les mêmes, 8 vol. in-12. 24 l.
Théâtre de Fagan, 4 vol. in-12. 10 l.
Nouveau Théâtre François, ou Recueil des plus nouvelles Pieces repréſentées au Théâtre
    François depuis quelques années, 8 vol. in-8. 36 l.
Œuvres de Vadé, 4 vol. in-8. 20 l.
Théâtre de Favart, contenant ſes Opéra-Comiques, 7 vol. in-8. 36 l.
Extrait de pluſieurs Pieces du Théâtre Eſpagnol, par Duperon de Caſtera, in-12. 2 l. 10 l.
Recueil général des Opéra repréſentés par l'Académie Royale de Muſique, depuis ſon
    établiſſement juſqu'à préſent, 16 vol. in-12. *petit forma,* 48 l.
Réflexions de Mademoiſelle C**, Comédienne Françoiſe, in-12. *broch.* 1 l. 4 ſ.
Lettre ſur le Théâtre Anglois, avec une traduction de l'Avare, de M. Shadwell, & de la
    Femme de Campagne, Comédie de M. Wicherley, 2 vol. in-12. 5 l.
The Collection of Plays, by Shakeſpear, &c. 6 vol. in-8. 40 l.
Le Théâtre Anglois, trad. par M. de la Place, 8 vol. in-12. 27 l.
Choix de petites Pieces du Théâtre Anglois, traduit des originaux, 2 vol. in-12. 4 l.

R O M A N S.

Dictionnaire abrégé de la Fable, par Chompré, in-12. *petit forma,* 2 l. 10 ſ.
Dictionnaire Mytho-Hermétique, dans lequel on trouve les Allégories Fabuleuſes des
    Poëtes, &c. par Dom Pernety, Bénédictin, in-8. 4 l. 10 ſ.
Fables Egyptiennes & Grecques, par le même, 2 vol. in-8. 9 l.
Les Mille & une Nuit, Contes Arabes, traduits en François par M. Galland, 6 vol.
    in-12. 15 l.
Les Mille & un Jour, Contes Perſans, par M. Petis de la Croix, 5 vol. in-12. 12 l. 10 ſ.
Les Mille & Un Quart-d'Heure, Contes Tartares, 3 vol. in-12. 7 l. 10 ſ.
Les Mille & Une Heure, Contes Péruviens, 2 vol. in-12. 5 l.
Les Contes des Fées, par Madame d'Aulnoy, 4 vol. in-12. 10 l.
Tanzaï & Néadarné, (par M. de Crebillon le fils,) 2 vol. in-12. *petit f.* avec fig. 6 l.
Le Sopha, Conte Moral, (par le même,) in-12. *petit forma,* avec fig. 5 l.
Les Manteaux, Recueil, in-12. 2 parties, 3 l.
Recueil de ces Meſſieurs, in-12. 2 l. 10 ſ.
Hiſtoires nouvelles & Mémoires ramaſſés, in-12. 2 l. 10 ſ.
Bibliotheque de Campagne, ou Amuſemens de l'Eſprit & du Cœur, 12 vol. in-12. 36 l.
Les Aventures de Telemaque, par M. de Fenelon, 2 vol. in-12. 5 l.
Hiſtoire de Don Quichotte, par Michel Cervantes, in-12. 6 vol. figures, 15 l.
Le même, avec les belles figures de Coypel, Picart le Romain, & autres habiles Maî-
    tres, in-4. 30 l.
Les Amours de Tibulle & de Catulle, par M. de la Chapelle, 5 vol. in-12. fig. 12 l. 10 ſ.
Hiſtoire du vaillant Chevalier Tirant-le-Blanc, traduit de l'Eſpagnol, 2 vol. in-8. 6 l.
Zaïde, Hiſtoire Eſpagnole, par M. de Segrais, avec un Traité de l'origine des Romans,
    par M. Huet, 2 vol. in-12. 5 l.
La Princeſſe de Cleves, in-12. 2 l. 10 ſ.
La Caloandre fidele, traduite de l'Italien d'Ambroſio Marini, 3 vol. in-12. 7 l. 10 ſ.
Faramond, Roman, 4 vol. in-12. 10 l.
Caſſandre, Roman, 3 vol. in-12. 7 l. 10 ſ.
Les Journées amuſantes, par Madame de Gomez, 8 vol. in-12. figures, 21 l.
Hiſtoire de Gilblas de Santillane, par M. le Sage, 5 vol. in-12. *petit forma,* 10 l.
Le Diable Boiteux, par le même, 3 vol. in-12. *petit forma,* avec figures, 6 l.
Hiſtoire de Stevanille Gonzales, ſurnommé le Garçon de bonne humeur, traduite de
    l'Eſpagnol, par le même, 2 vol. in-12. 5 l.

HISTOIRE.

Voyages faits principalement en Asie, concernant les Voyages & les nouvelles Découvertes des principaux Voyageurs, par Bergeron, 2 vol. in-4. figures, 18 l.
Voyages & Aventures de Jacques Massé, in-12. 3 l.
Discours sur l'Histoire Universelle, par M. Bossuet, Evêque de Meaux, 2 vol. in-12. 5 l.
Histoire Universelle, depuis le commencement du Monde jusqu'à présent, traduite de l'Anglois, d'une Société de gens de Lettres, 15 vol. in-4. 180 l.
Introduction à l'Histoire moderne, générale & politique de l'Univers, où l'on voit l'origine, les révolutions & la situation présente des différens Etats de l'Europe, de l'Asie, de l'Afrique & de l'Amérique, commencée par le Baron de Puffendorf, & continuée par M. de Grace, jusqu'à présent, 8 vol. in-4. 96 l.
Histoire Générale, Civile, Naturelle, Politique & Religieuse de tous les Peuples du Monde, par M. l'Abbé Lambert, 15 vol. in-12. 37 l. 10 s.
L'Espion Turc dans les Cours des Princes Chrétiens, nouv. édit. 9 vol. in-12. 22 l. 10 s.
Histoire des Conjurations, Conspirations & Révolutions célebres de l'Univers, 10 vol. in-12. 25 l.
Histoire générale des Guerres, &c. par M. le Chevalier d'Arcq, 2 vol. in-4. fig. 24 l.
Histoire du Peuple de Dieu, par le P. Berruyer, 10 vol. in-12. 25 l.
Du même, le Nouveau Testament, seconde Partie, 8 vol. in-12. 20 l.
L'Histoire du Vieux & Nouveau Testament, par le Sr. de Royaumont, in-12. 2 l. 10 s.
Abrégé de l'Histoire & de la Morale de l'ancien Testament, par M. l'Abbé Mesenguy, avec des notes, in-12. 2 l. 10 s.
Hist. Ecclésiastique, par M. l'Abbé de Fleury, nouvelle édition, 36 vol. in-12. 108 l.
Abrégé de l'Histoire Ecclésiastique, par feu M. Racine, 13 vol. in-12. 52 l.
Anecdotes Ecclésiastiques, tirées de l'Histoire de Naples de Giannone, in-12. 3 l.
Histoire du Concile de Trente, traduite de l'Italien de Fra-Paolo, par le P. Courayer, 3 vol. in-4. 30 l.
Le même Livre, *grand papier*, 42 l.
La Vie du Pape Alexandre VI. & de son fils César Borgia, par Gordon, 2 vol. in-12. 6 l.
La Vie du Pape Sixte-Quint, trad. de l'Italien de G. Leti, 2 vol. in-12. fig. 5 l.
Histoire de Malte, par M. l'Abbé de Vertot, 7 vol. in-12. 17 l. 10 s.
La Monarchie des Solipses, trad. du Latin de Melchior Inchofer, in-12. 3 l.
Histoire des Juifs & des Peuples voisins, depuis la décadence des Royaumes d'Israël & de Juda jusqu'à la mort de Jesus-Christ, par Prideaux, 2 vol. in-4. fig. 24 l.
Abrégé Chronologique de l'Histoire des Juifs, in-8. 5 l.
Hist. ancienne des Egyptiens, des Carthaginois, &c. par M. Rollin, 14 vol. in-12. 35 l.
Histoire moderne des Chinois, des Japonnois, des Indiens, des Persans, des Turcs, des Russiens, &c. pour servir de suite à l'Histoire ancienne de M. Rollin, 8 vol. in-12. 20 l.
Histoire des Arabes, par l'Abbé de Marigny, 4 vol. in-12. 10 l.
Histoire de Saladin, Sultan d'Egypte, par M. Marin, 2 vol. in-12. figures, 5 l.
Histoire Romaine, depuis la fondation de Rome jusqu'à la bataille d'Actium, par Mr. Rollin, & continuée par M. Crevier, 16 vol. in-12. 40 l.
Révolutions Romaines, par M. l'Abbé de Vertot, 3 vol. in-12. 7 l. 10 s.
Vie de l'Empereur Julien, par M. l'Abbé de la Bletterie, in-12. 3 l.
Histoire de l'Empereur Jovien, & traduction de quelques Ouvrages de Julien, par le même, 2 vol. in-12. 5 l.
Nouvel abrégé Chronologique de l'Histoire des Empereurs, 2 vol. in-8. 10 l.
Histoire des Empereurs Romains, depuis Auguste jusqu'à Constantin, par M. Crevier, 12 vol. in-12. 30 l.
Histoire du bas Empire, par M. le Beau, 4 vol. in-12. 12 l.
Histoire de Naples, par Giannone, 4 vol. in-4. 48 l.
Histoire des Révolutions de Naples, ès années 1747 & 48, par Mademoiselle de Lussan, 4 vol. in 12. 10 l.
Vita di Don Pietro Giron Duca d'Ossuna, Scritta da G. Leti, con fig. 3 vol. in-12. 9 l.
Histoire de la République de Venise, depuis sa fondation jusqu'à présent, par l'Abbé Laugier, 5 vol. in-12. 12 l. 10 s.
Splendor magnificentissimæ Urbis Venetarum clarissimus, 2 vol. in-fol. *grand papier*, cum multis figuris. 80 l.
Mémoires de Charles IX. in-4. 12 l.

HISTOIRE.

HISTOIRE.

Œuvres diverses de Pierre Bayle, nouvelle édition augmentée, 4 vol. in fol.   100 l.
Dictionnaire Historique, ou Mémoires Critiques & Littéraires de Prosper Marchand, 2 vol. in-fol.   30 l.

On trouve chez le même Libraire toutes sortes de Livres, tant de France que des Pays étrangers, ainsi que toutes les Nouveautés.

PIECES DE THÉATRE DÉTACHÉES,

Qui se vendent séparément chez le même Libraire.

DE FEU M. HOUDART DE LA MOTTE.

Inès de Castro, Tragédie.
Romulus, Tragédie.
Les Machabées, Tragédie.
Le Magnifique, Comédie.
La Matrone d'Ephese, Comédie.

DE M. DE VOLTAIRE.

Œdipe, Tragédie.
Hérode & Mariamne, Tragédie.
Brutus, Tragédie.
L'Indiscret, Comédie.
L'Enfant Prodigue, Comédie.
Mérope, Tragédie.
Alzire, Tragédie.
Zaïre, Tragédie.
Mahomet, Tragédie.
La Mort de César, Tragédie.
Rome Sauvée, Tragédie.
Sémiramis, Tragédie.
Tancrede, Tragédie.

DE M. DE CRÉBILLON.

Catilina, Tragédie.
Xerxès, Tragédie.
Le Triumvirat, Tragédie.

DE M. DE LA CHAUSSÉE.

La Fausse Antipathie, Comédie.
Le Préjugé à la mode, Comédie.
L'Ecole des Amis, Comédie.
Maximien, Tragédie.
Mélanide, Comédie.
L'Ecole des Meres, Comédie.
Amour pour Amour, Comédie.
Le Rival de lui-même, Comédie.
La Gouvernante, Comédie.
L'Amour Castillan, Comédie.

DE FEU M. DESTOUCHES.

Le Glorieux, Comédie.
Le Philosophe marié, Comédie.
Le Dissipateur, Comédie.
La Fausse Agnès, Comédie.
Le Triple Mariage, Comédie.

La Force du Naturel, Comédie.
Le Jeune Homme à l'Epreuve, Comédie.

DE M. PIRON.

Les Fils ingrats, Comédie.
Callisthenes, Tragédie.
Gustave, Tragédie.
Les Courses de Tempé, Pastorale.
La Métromanie, Comédie.
Fernand Cortez, Tragédie.
L'Ecole des Peres, Comédie.

DE M. FAGAN.

L'Amitié Rivale, Comédie.
Les Caracteres de Thalie, Comédie.
La Jalousie imprévue, Comédie.
Le Marié sans le sçavoir, Comédie.
Joconde, Comédie.
L'Heureux Retour, Comédie.
Le Rendez-vous, Comédie.
La Pupille, Comédie.

DE M. DE SAINT-FOIX.

L'Oracle, Comédie.
Deucalion & Pirrha, Comédie.
Les Veuves Turques, Comédie.
Le Sylphe, Comédie.
L'Isle Sauvage, Comédie.
Les Graces, Comédie.
Julie, ou l'Heureuse Epreuve, Comédie.
Les Parfaits Amans, Comédie.
Alceste, Divertissement.
Les Hommes, Comédie-Ballet.
Les Veuves, Comédie.
La Colonie, Comédie.

DE M. DE CAHUSAC.

Pharamond, Tragédie.
Zénéïde, Comédie.
L'Algérien, Comédie.

DE M. DE LA NOUE.

Le Retour de Mars, Comédie.
Mahomet second, Tragédie.

DE M. DE MARIVAUX.

La seconde Surprise de l'Amour, Comédie.

Le Legs, Comédie.
L'Épreuve, Comédie.
Le Préjugé vaincu, Comédie.

DE M. DE BOISSY.

Le Babillard, Comédie.
Le François à Londres, Comédie.
Les Dehors trompeurs, Comédie.
La Vie est un Songe, Comédie.

DE M. FAVART.

La Chercheuse d'Esprit, Opera-comique.
Le Prix de Cythere, Opera-comique.
Les Bateliers de S. Cloud, Opera-comique.
Le Coq du Village, Opera-comique.
Acajou, Opera comique.
La Servante justifiée, Opera comique.
Hippolite & Aricie, Parodie.
Moulinet I. Parodie de Mahomet II.
L'École des Amours Grivois, Opera-comique.
Le Bal de Strasbourg, Opera-comique.
Thésée, Parodie.
Les Nymphes de Diane, Opera-comique.
Cythere assiégée, Opera-comique.
Les Fêtes de l'Hymen, ou la Rose, Opera-comique.
Le Mariage par escalade, Opera-comique.
La Répétition interrompue, Opera-comique.
Le Retour de l'Opera-Comique, Opera-comique.
La Coquette sans le sçavoir, Opera-comique.
Ninette à la Cour, Comédie, avec les Airs notés.
Les Ensorcelés, ou Jeannot & Jeannette, Comédie.
La Soirée des Boulevards, Comédie, avec la Musique.
Les Amours de Bastien & Bastienne, Comédie.

DE M. VADÉ.

Le Poirier, Opera-comique.
Le Suffisant.
Les Troqueurs & le Rien, Parodie.
Airs choisis des Troqueurs.
Le Trompeur trompé.
Jerôme & Fanchonnette.
Nicaise, Opera-comique.
Les Racoleurs, Opera comique.
Le mauvais Plaisant, Opera comique.
La Veuve indécise, Opéra comique.

DE M. POISSON.

Le Procureur Arbitre, Comédie.
L'Impromptu de Campagne, Comédie.
Le Réveil d'Epiménide, Comédie.

Le Mariage par Lettres de-change, Comédie.
Les Ruses d'Amour, Comédie.
Alcibiade, Comédie.
L'Amour secret, Comédie.

DE M. DE MOISSY.

Le Provincial à Paris, Comédie.
La nouvelle École des Femmes, Comédie.
L'Impromptu de l'Amour, Comédie.

DE DIFFÉRENS AUTEURS.

Le Joueur, Comédie, de Regnard.
Esope à la Cour, Comédie, de Boursault.
Esope à la Ville, Comédie, du même.
La Vérité Fabuliste, Comédie, de M. de Launay.
Le Paresseux, Comédie, du même.
Les Amans déguisés, Comédie.
Le Procès des Sens, Comédie, de M. Fuselier.
Le Complaisant, Comédie.
Les Mécontens, Comédie, de M. de la Bruere.
Les Frimaçons, Comédie.
Sabinus, Tragédie, de M. Richer.
Abensaïd, Tragédie, de M. l'Abbé le Blanc.
Teglis, Tragédie, de M. Moran.
Childeric, Tragédie, du même.
Lisimachus, Tragédie, de M. de Caux.
Les Epoux réunis, Comédie, de M. de Merville.
Le Fat puni, Comédie.
Médus, Tragédie, de M. Deschamps.
Antiochus & Cléopâtre, Tragédie, du même.
Edouard III, Tragédie, de M. Gresset.
Marie Stuart, Tragédie.
Thélamire, Tragédie.
Le Somnambule, Comédie.
Bajazet, Tragédie, de M. Pacaroni.
Le Retour de l'Ombre de Moliere, Comédie.
L'École du Monde, Comédie.
Adam & Eve, Tragédie.
Les trois Rivaux, Comédie.
Catilina, Tragédie, de M. l'Abbé Pellegrin.
Roland, Parodie.
Sylvie, Tragédie en prose.
Le Port de Mer, Comédie, de M. Boindin.
La Rivale Suivante, Comédie.
L'École amoureuse, Comédie.
Aphos, Comédie.
Le Quartier d'Hyver, Comédie.
Artaxare, Tragédie, de M. de la Serre.
La Déroute des Pamela, Comédie.
Sylla, Piece dramatique.

L'Amoureux & Valet, Comédie.
Le Tribunal de l'Amour, Comédie.
La Double Extravagance, Comédie.
Achille & Déidamie, Parodie.
Arlequin aux Champs Elisées, Comédie.
Le Rajeunissement inutile, Comédie.
Les Fées, Comédie.
Les Ennuis du Carnaval, Comédie.
La Famille, Comédie.
La Fille Arbitre, Comédie.
L'Accommodement imprévu, Comédie.
Le Double Veuvage, Comédie.
L'Avocat Patelin. Comédie.
L'Impertinent, Comédie.
Le Mercure Galant, Comédie.
Turcaret, Comédie.
L'Homme à bonnes fortunes, Comédie.
Les Menechmes, Comédie.
Le Galant Jardinier, Comédie.
Les trois Cousines, Comédie.
L'Andrienne, Comédie.
Le Légataire Universel, Comédie.
La Mere Coquette, Comédie.

Aménophis, Tragédie, de M. Saurin.
Spartacus, Tragédie, du même.
Astarbé, Tragédie, de M. Colardeau.
Hypermnestre, Tragédie, de M. le Mierre.
La Coquette fixée, Comédie.
Cénie, Piece Dramatique, de Madame de Graffigny.
Meléainde, Piece de M. le Beau.
Le Petit Philosophe, Comédie, de Mr. Poinsinet.
Le Savetier Joyeux, Opera-comique.
Le Peintre amoureux de son Modele, Opera-comique.
Le Docteur Sangrado, Opera comique.
Le Médecin d'Amour, Opera-comique.
Le Rossignol, Opera-comique.
Le Diable-à-quatre, Opera-comique.
Gilles, Garçon Peintre, Opera-comique.
Magasin des Modernes, Opera-comique, de M. Pannard.
Blaise le Savetier, Opera-comique.

Les Sociétés qui voudront jouer la Comédie, trouveront chez le même Libraire un assortiment général des Pieces de Théâtre détachées, tant anciennes que nouvelles.

www.ingramcontent.com/pod-product-compliance
Lightning Source LLC
LaVergne TN
LVHW021503060726
842527LV00006B/2425